RÉGLEMENT

Sections du Département du Rhône

SOCIÉTÉ DES DROITS DE L'HOMME

ET DU CITOYEN.

LYON,
IMPRIMERIE DE BOURSY,
Grande rue Mercière, 66.

—

1849.

SOCIÉTÉ

DROITS DE L'HOMME ET DU CITOYEN.

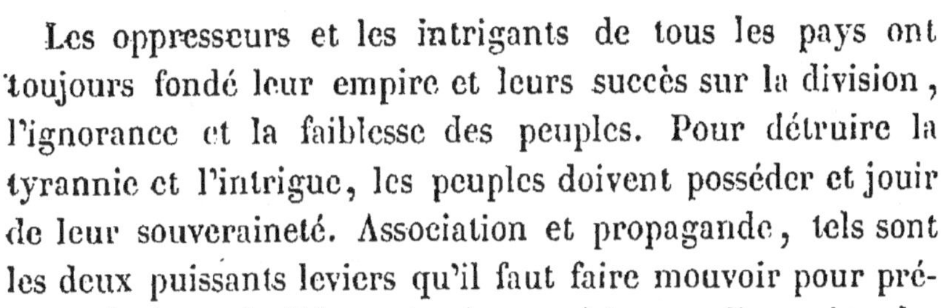

Les oppresseurs et les intrigants de tous les pays ont toujours fondé leur empire et leurs succès sur la division, l'ignorance et la faiblesse des peuples. Pour détruire la tyrannie et l'intrigue, les peuples doivent posséder et jouir de leur souveraineté. Association et propagande, tels sont les deux puissants leviers qu'il faut faire mouvoir pour préparer le jour de l'émancipation sociale par l'exercice des droits politiques.

Abolir l'exploitation de l'homme par l'homme, détruire le privilége révoltant de quelques oisifs qui regorgent de superfluités et de richesses dérobées à la multitude des travailleurs indigents, rappeler tous les hommes à leur dignité, à la liberté, à l'égalité sociale, par l'exercice des droits politiques, et surtout à une juste répartition des avantages et des charges de la société, voilà le but.

Faire partie de la *Société des Droits de l'Homme et du Citoyen*, c'est se dévouer au succès de la sainte mission embrassée par cette Société, c'est-à-dire au triomphe des idées démocratiques en s'organisant à l'abri des institutions républicaines ; c'est vouloir la fraternité parmi les hommes et le bonheur matériel et moral de tous les citoyens.

La société adopte pour point de départ l'immortelle Déclaration des Droits présentée à la Convention en 1793. Là sont gravées en caractères sublimes les lois éternelles de la justice et de la vérité ; là est le germe de toutes les saines doctrines que le progrès des temps doit faire éclore ; là se trouvent les principes dont l'application peut seule mettre fin aux malheurs de l'humanité.

Soldats de la liberté, les membres de la société ne placent point l'énergie dans l'irritation et l'emportement ; ils la puisent dans une conviction formée par de mûres réflexions et de saines lectures ; ils ne reculent pas devant une persécution injuste, ils pensent qu'elle fait avancer d'un pas l'opinion publique ; ils voudraient, au prix de leur vie, ramener parmi les hommes une paix durable fondée sur la justice et la morale.

Les sectionnaires sont égaux entre eux ; ils se doivent tous réciproquement secours, aide et assistance dans tous leurs besoins physiques et moraux. C'est par l'accomplissement de cette règle qu'ils arrivent à la mise en pratique des théories D'ÉGALITÉ ET DE FRATERNITÉ qu'ils professent.

RÉGLEMENT.

§ Ier.

ARTICLE PREMIER. La Société se divise par sections.

ART. 2. Elle prépose à sa direction un comité.

§ II.

ART. 3. Chaque section se compose de dix membres au moins, de trente membres au plus.

ART. 4. Quand, par l'admission de nouveaux membres, une section a atteint son maximum, elle se dédouble. Les sectionnaires sont alors partagés entre les deux nouvelles sections en raison de la proximité des domiciles.

ART. 5. Les sections sont distribuées par arrondissements; le nombre et la délimitation des arrondissements sont fixés par le comité.

ART. 6. Chaque section reçoit du comité un nom spécial rappelant une vertu républicaine.

§ III.

ART. 7. La section se réunit au moins une fois par semaine

ART. 8. Ses travaux ont lieu dans l'ordre suivant : appel nominal des sectionnaires, — versements des cotisations, — lecture du procès-verbal de la séance précédente, — rendement de compte de la séance du conseil, — réception des candidats déjà présentés, — lecture, — délibération s'il y a lieu, — présentation de nouveaux candidats.

Art. 9. Les présentations se font à haute voix. Le présentateur doit faire connaître immédiatement quels sont les moyens d'existence du candidat, et comment il a reconnu sa probité et ses opinions patriotiques.

Art. 10. De nouveaux renseignements sont pris par deux sectionnaires désignés à cet effet par celui qui préside la section, et, sur le rapport qu'ils font, la section vote.

Art. 11. Deux voix opposantes suffisent pour faire écarter un candidat.

Art. 12. Après le rapport, si l'admission est votée, les candidats sont introduits ; lecture leur est donnée de la déclaration des droits et du réglement. S'ils déclarent adhérer à l'une et à l'autre, celui qui préside leur propose de prêter individuellement ce serment : « Je jure de travailler de tous mes efforts à faire comprendre et adopter par les citoyens non sociétaires les principes énoncés dans la déclaration, et de me conformer aux statuts de la Société. » S'ils prêtent ce serment, ils sont proclamés membres de la *Société des Droits de l'Homme et du Citoyen.* S'ils refusent leur adhésion ou le serment, ils sont immédiatement renvoyés.

Art. 13. Aucune personne étrangère à la section ne peut y être introduite, à moins qu'elle ne soit présentée par le chef ou déléguée par le comité.

§ IV.

Art. 14. Chaque sectionnaire paie une cotisation hebdomadaire de *cinq centimes* pour frais généraux de la Société; plus une cotisation mensuelle de *cinq centimes* pour les dépenses particulières de sa section.

Art 15. Le produit des cotisations est employé à l'achat

ou à l'impression des écrits patriotiques approuvés par le comité directeur. Néanmoins, le comité peut sur ce produit secourir, dans le cas de grande nécessité, les sociétaires qui y ont des titres.

§ V.

ART. 16. Dans la première huitaine de chaque mois, le comité fait dresser le compte des dépenses du mois précédent. Chaque conseil d'arrondissement délègue, par voie d'élection, deux membres qui, se réunissant aux autres délégués nommés de la même manière, forment avec eux une commission de finances chargée d'examiner l'état des recettes et des dépenses.

§ VI.

ART. 17. Les réunions devant principalement servir à perfectionner l'instruction morale et politique de tous les sectionnaires, une partie des séances doit toujours être consacrée à l'examen *des Droits de l'Homme et du Citoyen*, à la lecture des écrits distribués par le comité. Des interpellations doivent être adressées à chaque membre sur les doctrines contenues dans ces écrits.

ART. 18. Les fonctionnaires de la section sont: le Président, le Vice-Président et les trois Quinturions; ils sont nommés par la section, à la majorité absolue, et pour un temps illimité, sauf le cas de dédoublement.

ART. 19. Le Président de la section est dépositaire du produit des cotisations, et donne lecture des publications du comité. Il tient exactement la liste des sectionnaires et prend note des absents.

ART. 20. Le Vice-Président remplace dans les réunions

de la section le Président absent ; il tient un duplicata de la liste des sectionnaires.

Art. 21. Les Quinturions se maintiennent en rapport avec les sectionnaires que le Président leur désigne ; ils font les convocations extraordinaires. Le Quinturion qui a obtenu le plus de voix remplit les fonctions de secrétaire.

§ VII.

Art. 22. A chaque dédoublement, les deux fractions procèdent séparément et séance tenante à de nouvelles élections.

Art. 23. Le comité se compose de neuf membres élus dans une réunion générale des sectionnaires et à la majorité absolue des suffrages. Néanmoins les sections en dehors de Lyon et des villes suburbaines ont la faculté de voter chez elles et d'envoyer le résultat de leur vote au siége principal de la Société.

Art. 24. Les fonctions des membres du comité durent trois mois.

Art. 25. Le comité représentant la Société, il peut agir et publier en son nom.

Art. 26. Chaque trimestre, il rend compte aux sections de ses travaux et de la situation de la Société.

§ VIII.

Art. 27. Le comité délègue auprès des sections des commissaires d'arrondissement. Il est responsable des actes qu'ils font en vertu de ces fonctions.

Art. 28. Le commissaire d'arrondissement visite pendant leurs séances les sections auxquelles il est attaché.

Art. 29. Il distribue les écrits et perçoit chaque semaine le montant des cotisations.

Art. 30. Il est muni d'un livre de rapports sur lequel il mentionne, devant chaque section, la somme reçue et le nombre des écrits distribués; le Président signe cette feuille avec lui.

Art. 31. Il remet aussitôt après, entre les mains d'un membre du comité désigné à cet effet, la liste de ses sections et rapports.

Art. 33. Il verse immédiatement entre les mains du caissier nommé par le comité, avec l'assentiment des conseils d'arrondissement, les sommes qui lui ont été comptées, et en prend un reçu détaillé qu'il montre ensuite aux sections.

Art. 33. Les dédoublements de sections ne peuvent se faire qu'en présence d'un commissaire d'arrondissement ou d'un membre du comité.

§ IX.

Art. 34. Les commissaires d'arrondissement transmettent aux sections les instructions du comité.

Art. 35. Ils sont spécialement chargés d'organiser l'éducation politique dans leurs sections et la propagande au dehors.

Art. 36. Les Présidents de section et les commissaires se réuniront en conseil tous les huit jours.

Art. 37. Chaque semaine, ils remettent entre les mains d'un membre du comité désigné à cet effet un rapport détaillé sur l'état des sections de leur arrondissement et sur les mesures à prendre pour en accoître le nombre et l'action.

Art. 38. Le conseil seconde les commissaires en ce qui concerne la propagande dont ceux-ci sont chargés.

Art. 39. Les noms des membres présentés ou admis dans chaque section pendant la semaine y sont lus par les commissaires.

Art. 40. Les propositions relatives à l'organisation ou à

l'administration de la Société, faites dans une section et adoptées par elle, sont portées au conseil.

Art. 41. Si ces propositions sont adoptées par la majorité, elles sont transmises au comité, qui les soumet à la délibération des sections.

Art. 42. Les commissaires n'ont au conseil que voix consultative; ils doivent être entendus chaque fois qu'ils demandent la parole.

Art. 43. Chaque Président de section préside à son tour le conseil.

Art. 44. Le procès-verbal de chaque séance du conseil est remis par le Président du conseil au comité.

Art. 45. Le vote sur les propositions soumises à toutes les sections, les procès-verbaux d'élection sont transmis au comité par les Présidents de section, et le dépouillement général de ces pièces a lieu devant les Présidents et le comité réunis.

§ X.

Art. 46. Les membres du comité et les commissaires d'arrondissement restent inscrits sur le cadre des sections; ils y rentrent de droit après leur sortie d'exercice.

Art. 47. Tout sectionnaire qui aura manqué à trois séances consécutives sans excuse valable sera réputé démissionnaire après un avis écrit et préalable du Président.

Art. 48. Toutes les radiations seront mises à l'ordre du jour.

Art. 49. Tout Président qui aura manqué à une séance du conseil sera signalé à sa section par le commissaire.

Art. 50. Tout commissaire d'arrondissement qui aura manqué de visiter ses sections et qui n'aura point assisté à la séance du conseil, sera signalé au comité par le Président du conseil.

Art. 51. Tout membre du comité qui, sans excuse valable, aura manqué à une séance du comité, sera signalé aux conseils d'arrondissement ; s'il a manqué à trois séances, il sera réputé démissionnaire.

Art. 52. Tout fonctionnaire peut être réélu après l'expiration du temps de ses fonctions.

Art. 53. Tout fonctionnaire peut, même avant l'expiration du temps de ses fonctions, être soumis à la réélection, sur la demande d'un tiers des membres ayant le droit d'y concourir.

Art. 54. Nul ne peut être revêtu de deux fonctions en même temps.

Déclaration

DROITS DE L'HOMME ET DU CITOYEN

Présentée à la Convention Nationale.

Les représentants du peuple français, réunis en Convention Nationale, reconnaissant que les lois humaines qui ne découlent point des lois éternelles de la justice ne sont que des attentats de l'ignorance et du despotisme contre l'humanité, convaincus que l'oubli et le mépris des droits naturels de l'homme sont les seules causes des crimes et des malheurs du monde, ont résolu d'exposer, dans une déclaration solennelle, ces droits sacrés et inaliénables, afin que tous les citoyens, pouvant comparer sans cesse les actes du gouvernement avec le but de toute institution sociale, ne se laissent jamais opprimer et avilir par la tyrannie; afin que le peuple ait toujours devant les yeux les bases de sa liberté et de son bonheur, le magistrat la règle de ses devoirs, le législateur l'objet de sa mission.

En conséquence, la Convention Nationale proclame, à la face de l'univers et sous les yeux du législateur immortel, la déclaration suivante des *droits de l'homme et du citoyen*.

Art. 1er. Le but de toute association politique est le maintien des droits naturels et imprescriptibles de l'homme, et le développement de toutes ses facultés.

2. Les principaux droits de l'homme sont ceux de *pourvoir à la conservation de l'existence et de la liberté*.

3. Ces droits appartiennent également à tous les hommes,

quelle que soit la différence de leurs forces physiques et mo-
rales.

L'égalité des droits est établie par la nature; la société,
loin d'y porter atteinte, ne fait que la garantir contre l'abus
de la force, qui la rend illusoire.

4. La liberté est le pouvoir qui appartient à l'homme
d'exercer à son gré toutes ses facultés; elle a la justice
pour règle, les droits d'autrui pour bornes, la nature pour
principe, et la loi pour sauvegarde.

5. Le droit de s'assembler paisiblement, le droit de ma-
nifester ses opinions, soit par la voie de la presse, soit de
tout autre manière, sont des conséquences si nécessaires du
principe de la liberté de l'homme, que la nécessité de les
énoncer suppose ou la présence ou le souvenir récent du
despotisme.

6. La propriété est le droit qu'a chaque citoyen de jouir
et de disposer à son gré de la portion de bien qui lui est
garantie par la loi.

7. Le droit de propriété est borné, comme tous les autres,
par l'obligation de respecter les droits d'autrui.

8. Il ne peut préjudicier ni à la sûreté, ni à la liberté, ni
à l'existence, ni à la propriété de nos semblables.

9. Tout trafic qui viole ce principe est essentiellement illi-
cite et immoral.

10. La société est obligée de pourvoir à la subsistance de
tous ses membres, soit en leur procurant du travail, soit
en assurant les moyens d'exister à ceux qui sont hors d'état
de travailler.

11. Les secours indispensables à celui qui manque du
nécessaire sont une dette de celui qui possède le superflu;
il appartient à la loi de déterminer la manière dont cette
dette doit être acquittée.

12. Les citoyens dont les revenus n'excèdent point ce

qui est nécessaire à leur subsistance sont dispensés de contribuer aux dépenses publiques ; les autres doivent les supporter progressivement, selon l'étendue de leur fortune.

13. La société doit favoriser de tout son pouvoir les progrès de la raison publique et mettre l'instruction à la portée de tous les citoyens

14. *Le peuple est le souverain* ; le gouvernement est son ouvrage et sa propriété ; les fonctionnaires publics sont ses commis.

Le peuple peut, quand il lui plaît, changer son gouvernement et révoquer ses mandataires.

15. La loi est l'expression libre et solennelle de la volonté du peuple.

16. La loi doit être égale pour tous.

17. La loi ne peut défendre que ce qui est nuisible à la société ; elle ne peut ordonner que ce qui lui est utile.

18. Toute loi qui viole les droits imprescriptibles de l'homme, est essentiellement injuste et tyrannique ; elle n'est point une loi.

19. Dans tout état libre, la loi doit surtout défendre la liberté publique et individuelle contre l'autorité de ceux qui gouvernent.

Toute institution qui ne suppose pas le peuple *bon* et le magistrat *corruptible* est vicieuse.

20. Aucune portion du peuple ne peut exercer la puissance du peuple entier ; mais le vœu qu'elle exprime doit être respecté comme le vœu d'une portion du peuple, qui doit concourir à former la volonté générale. Chaque section du souverain assemblée doit jouir du droit d'exprimer sa volonté avec une entière liberté ; elle est essentiellement indépendante de toutes les autorités constituées et maîtresse de régler sa police et ses délibérations.

21. Tous les citoyens sont admissibles à toutes les fonctions

publiques, sans aucune autre distinction que celle des vertus et des talents, sans aucun autre titre que la confiance du peuple.

22. Tous les citoyens ont un droit égal de concourir à la nomination des mandataires du peuple et à la formation de la loi.

23. Pour que ces droits ne soient point illusoires et l'égalité chimérique, la société doit salarier les fonctionnaires publics, et faire en sorte que les citoyens qui vivent de leur travail puissent assister aux assemblées publiques où la loi les appelle, sans compromettre leur existence ni celle de leur famille.

24. Tout citoyen doit obéir religieusement aux magistrats et aux agents du gouvernement lorsqu'ils sont les organes ou les exécuteurs de la loi.

25. Mais tout acte contre la liberté, contre la sûreté ou contre la propriété d'un homme, exercé par qui que ce soit, même au nom de la loi, hors des cas déterminés par elle et des formes qu'elle prescrit, est arbitraire et nul : le respect même de la loi défend de s'y soumettre ; et si on veut l'exécuter par la violence, il est permis de le repousser par la force.

26. Le droit de présenter des pétitions aux dépositaires de l'autorité publique appartient à tout individu ; ceux à qui elles sont adressées doivent statuer sur les points qui en font l'objet, mais ils ne peuvent jamais ni en interdire, ni en restreindre, ni en condamner l'exercice.

27. La résistance à l'oppression est la conséquence des autres droits de l'homme et du citoyen.

28. Il y a oppression contre le corps social lorsqu'un seul de ses membres est opprimé.

Il y a oppression contre chaque membre du corps social lorsque le corps social est opprimé.

29. Lorsque le gouvernement viole les droits du peuple, l'insurrection est, pour le peuple et pour chaque portion du peuple, le plus sacré des droits et le plus indispensable des devoirs.

30. Quand la garantie sociale manque à un citoyen, il rentre dans le droit naturel de défendre lui-même tous ses droits.

31. Dans l'un et l'autre cas, assujétir à des formes légales la résistance à l'oppression est le dernier raffinement de la tyrannie.

32. Les fonctions publiques ne peuvent être considérées comme des distinctions, ni comme des récompenses, mais comme des devoirs publics.

33. Les délits des mandataires du peuple doivent être sévèrement et facilement punis. Nul n'a le droit de se prétendre plus inviolable que les autres citoyens.

34. Le peuple a le droit de connaître toutes les opérations de ses mandataires; ils doivent lui rendre un compte fidèle de leur gestion et subir son jugement avec respect.

35. Les hommes de tous les pays sont frères, et les différents peuples doivent s'entr'aider, selon leur pouvoir, comme les citoyens du même état.

36. Celui qui opprime une seule nation se déclare l'ennemi de toutes.

37. Ceux qui font la guerre à un peuple pour arrêter les progrès de la liberté et anéantir les droits de l'homme, doivent être poursuivis partout, non comme des ennemis ordinaires, mais comme des assasins et comme des brigands rebelles.

38. Les rois, les aristocrates, les tyrans, quels qu'ils soient, sont des esclaves révoltés contre le souverain de la terre, qui est le genre humain, et contre le législateur de de l'univers, qui est la nature.

www.ingramcontent.com/pod-product-compliance
Lightning Source LLC
LaVergne TN
LVHW011427050726
842523LV00014B/1280